VERSOS DEL ALMA

GERBIN MICHE

Copyright © 2021 por Gerbin Miche.

ISBN: Libro de bolsillo - 978-1-956419-02-3
       Libro Electronico - 978-1-956419-03-0

Todos los derechos reservados. Ninguna parte de este libro puede ser reproducida o transmitida de cualquier forma o por cualquier medio, electronico o mecanino, incluyendo fotocopia, grabacion, o por cualquier sistema de almacenamiento y recuperacion, sin permiso escrito del propietario del copyright.

Las opiniones expresadas en este trabajo son exclusivas del autor y no reflejan necesariamente las opiniones del editor. La editorial se exime de cualquier responsabilidad derivada de las mismas.

Tabla De Contenido

Verónica	1
Flor De Recuerdos	2
Libertad	4
Cálido	5
Suspiro De Luz	6
El Vals De Su Mirada	7
Verónica II	9
Gritos	10
Canción De Primavera	11
Poetas	12
Manantial	14
Ella	15
Si tú me amaras	16
Luna	18
Eclipse	20
Inspiración	21
Gitana	22
En tu Belleza	23
Perfidia	24
Añorándote	26
Música	27
Holocausto	28
Éxtasis	29
Amanecer	30
En tu mirada	31
Mujer	32
Bella (poema haiku)	34
Sueños	35

Bésame	36
Fulgor	37
Polvo y Ceniza	38
Olvido	39
Solo	40
Memorias	41
Intrépida	42
Bermellón Amor	43
Un Verso a la Amistad	44
Nancy	45
El Amor	46
La Luz de tus Ojos	47
Pirata	48
Poesía	49
Sonrisa De Media Noche	50
Cada Día	52
Serenata	53
Amada Mía	54
Mi Reina	55
Kamikaze	56
Segundos	57
Besando tus Deseos	58
Amarga Dulzura	59
Placeres	60
Éxtasis	61
Desprecios	62
El Amor	63
En Un Verso	65
Alba y Ocaso	66
Colores de mi Tierra	67
Ganas de Ti	69
Amanecer	70

Pecador	71
Mi Poesía	72
S O S	73
A tu Belleza	74
Flor	75
Vida(proverbio)	76
En tu Mirada	77
Mi Filosofía	78
Mujer II	79
Fragancia	80
Canto a la Mujer	81
Nostalgia	82
Enamorado	84
Colibrí	85
Mustio	87
Cadenas	88
Tiempo	89
Jazmín	90
Versos a mi Madre	91
Tinta	93
Añejo	94
Déjame	95
Imagen de Cristal	96
Voz	97
Oda a un Pensamiento	98
Ésta Noche Amor Mío	99
Desde tu Partida	100
Un Verso a Josefina	101
Inédito	102
Mi Último Poema	103
Locos	104

Verónica

Mi novia no es la más bonita del
mundo, ni la escultura más preciada
de coleccionistas, pero ella es
mi novia y es fiel.
Su belleza es oro joven que no
envejece, su sonrisa cántaro
de agua dulce en manos de
virgencita María. Su ternura es
el primer suspiro del día
y su aroma el perfume de vientos
carismáticos de los versos del
Rey Salomón, así es mi novia,
ella es romanticismo
del cielo y tierra, esencia
de agua y fuego, mi novia es
la primera rosa del jardín
del Edén... mi novia es
mi novia, es amor.

Flor De Recuerdos

Hoy desperté con alegría y
contemplé su sonrisa en el
rayo de sol que acaricia mi
ventana, sentí un beso en mis
mejillas, son sus recuerdos
que acarician mi mente.
Una foto colgada en la pared
pétalo de rosa que rehúsa
a marchitar, de ella sólo me
queda un jardín en otoño, otoño
que florece con la primera
brisa de primavera, son sus
recuerdos el verde pasto donde el
cielo descansa cantando, son
sus recuerdos la danza de la lluvia
que no deja mustio el perfume
de la campiña.
Sé que no estará más a mi
lado, pero sus lindos recuerdos son
mejor tesoro que me ha heredado,
recuerdos suero que alimenta
mis venas, su mirada plateada
esencia que me hace escribir estos
versos.
Su sonrisa angelical es el motor
que hace latir mi corazón, entre
luna y estrellas sus labios florecen,
entre cielo y tierra sus recuerdos
amanecen.

Hoy la veo despertar en la retina de
mis ojos, ver peinar sus obscuros
cabellos con coral de esmeralda,
barnizar su piel nívea con
nácar de su ternura, hoy la recuerdo
como ayer, siento su cuerpo
como suave melodía de
aves en nidos fogosos.
Mi alma ella se llevó,
si ahora vivo es porque
ella vive, si hoy soy música
porque ella es mi nota, si
mañana seré ceniza y
polvo entonces ella me
habrá olvidado.

Libertad

Quiero entonar un himno
con coro de rosas, que
desfilen las notas de los jazmines
en el pentagrama del sol
de tu mirada, que la
esperanza de la juventud se
bañe en melodías de amor.

Que el canto sea santuario
de la voz de libertad, que
el silencio olvide su
cautiverio y que la
mentira escuche la verdad.

Hoy quiero cantar un
un himno a la libertad...
que la sonrisa invite
a la tristeza a correr en libertad

Cálido

desperté con cálidos
pensamientos y veo el sol
besar la piel desnuda
de tus labios extasiados,
tu piel desnuda los
deseos sagrados de tu
vientre perfumado de saliva
añejada, tu sangre
esclavizada de excitación erupta
miradas de fuego y
queman la tranquilidad
de mis deseos, tu
mirada ardiente consume
mis ganas de pasión, mis
poros empiezan arder, con
prisa empiezo a escalar
los volcanes de tu cuerpo
fundiéndome en la
caldera de tus deseos, tus
labios de braza evaporan
tus ganas, tu piel de
porcelana se derrite en el
infierno de caricias,
de pronto una gota de
rocío apaga el fuego, el
infierno alcanza paz,
y tu alma duerme en las
alas de un suspiro.

Suspiro De Luz

Veo en el antaño horizonte
caer los suspiros de
aquel frondoso árbol
enamorado, meciendo
en el viento sus ramas
amarillas.

Besos de oro puro
alfombra mi tierra, sol
sublime tiñe
amarilla poesía.

El calor de su color
alimenta mi raíz, verso
tierno verso perfumado
pintas mi jardín.

Pluma corazón de
trovador mira paisaje
de luz, versículo del
día salmo de tiempo
escrito.

El Vals De Su Mirada

Cual orquídea brilla su mirada,
cual diosa duermen sus labios
en el aroma de la mirra, cual
rayo de sol cobija su dorada piel.

Su voz de altos y bajos misterios
que hilvanan noches de
pasión, bajo lluvia de fuego
su piel bronceada se rompe
en pedazos.

Besos febriles beben el
encanto furtivo de noches
grabadas en fuego y lluvia,
tatuando gemidos en la
voz del silencio nocturno.

En llama se consumen sus
deseos, en deseos arden
sus poros.

En la luz de su mirada
vuela mi esperanza azul,
en los profundos océanos
de su corazón gitano
danza su belleza radiante,
el cielo endrino inerte
queda ante su mirada.

En el jardín de su piel las
orquídeas florecen, el perfume
de su aliento mis días
engrandecen, pues las
cuerdas de su piel entonan las
notas de su mirada hechicera.

En la niña de sus ojos
el astro sol despierta
y sus febriles rayos se trenzan
en lo negro de sus pestañas,
un día más contemplo
el vals de su mirada
que es la cuna del azul cielo.

Verónica II

Que hermoso es
despertar en el
paraíso de tu mirada,
contemplar el alba
sonriente desde
el balcón de tus
labios gitanos.

Que hermoso es la
bendición de tenerte
a mi lado y saber
que estoy aquí para
amarte.

Gritos

En hojas secas cabalgan
mis ilusiones, bajo escombros
de mis actos; mis pensamientos
átomos segregan audacia.

En proezas súbita; impávida
sapiencia llora,
afiladas hachas martillan
al viento voraz.
Mi hiel lágrima;
sacude vértigos
desiertos.

En el grito ahogado
de una piedra, dos
gotas de rocío corren
al rescate, y el fulgente
sol desde lo alto derrama
lágrimas de fuego, y
yo desde abajo convierto
en polvo la belleza del creador.

El mar se ahoga
en su sal, los ríos pierden
su voz, las flores pierden
su perfume y los pájaros
difuminan su vuelo, y
yo observo su agonía.
Madre tierra vuelve a
sonreír... pues mi sangre,
huesos y carne están
hechos de tus partículas, y tus
sufrimientos... son mi agonía.

Canción De Primavera

Ven tierna primavera,
vuela por los vientos
sonoros del cielo de su
mirada, ven y anida
en el paraíso de sus labios
de fuego, allí donde
los fulgentes rayos del majestuoso
sol reina al compás de su
cuerpo de zafiro.
Brisa de primavera canción
de enamorados; acaricia con
sutileza la blancura de su
reinado, cual blanca paz
enamora el corazón
de nardos encantados, ven
primavera acaricia el
otoño, has de las hojas amarillas
un collar de pasiones,
inyéctales una dosis de
ternura como el sol madura
los cerezos de dulzura.
Primavera tierna primavera; temporal
donde los dioses se regocijan de
júbilo a obediencia de sus
amores, donde el cielo
la voz visible de sus labios a
merced de sus encantos sonríen.
Alza tu voz en sentimientos,
primavera, el cielo cobija tu
encanto y el tiempo se
hace adicto a tu canto.

Poetas

¡Vuela alma mía vuela!
vuela por los cielos de
paz y alegría, vuela y has
tu morada en el corazón, allí
donde el sol brilla con
ímpetu, allí donde el poeta
canta sin agonía.

¿Dime poeta, a quien le escribes? Tú
que construyes castillos
con versos de amor, que
dibujas caricias con resplandor,
besas el cielo perfumado
de bellas estrellas, allí donde
las gardenias florecen, allí
donde mora tu Dios, allí
donde la espada del guerrero
derrama lágrimas de
rocío, tú que escuchas
el canto de los bosques; armónica
de praderas peinadas, haces
de las blancas nubes
corceles de amor, poeta;
pintas poesía con tu humilde pluma
haces latir el corazón del sol
con tan sólo un suspiro, tú
que surcas los vientos azules
del inmenso cielo, surcas
miradas con la eternidad
de tus versos, abrazas ausencias,
alegrías, tristezas, llantos, triunfos

derrotas... con la suavidad
de tus versos y algunos fuertes.

Cabalgas en perfumes de
anhelos, anclas tu mirada en
el naufragio de alegrías,
enciendes velas en la obscuridad
de los sueños, abrigas
corazones en el teatro de
tus pasiones.

Poeta; no hay rejas que aprisionen
tu sentir, ni cadenas que
te aten, eres libre como el viento
eres ser maravilloso, eres
espectáculo dichoso, poeta; tú
que escribes con tinta de
suspiros que calan el alma,
cual nácar acaricias corazones,
en las cuerdas de tu
alma nacen amaneceres, tus
letras canto de brisa riegan
el paraíso con
fragancia a sonrisa.

Poeta; eres dueño de todo,
dueño de nada, tu poesía
es tan tuya que no
te pertenece, todo lo tienes
prestado, porque en esta
vida y en este mundo Dios te
eligió para adornar
corazones, porque
tu vida y poesía a Dios
le pertenecen.

Manantial

Bebe de la fuente de la
vida las aguas que alimentan
tu alma, sonríe a la luz
del sol, luz sagrada que
madura los frutos de tus
pensamientos, sé altivo en
tus conocimientos, cobíjate
en los brazos del cielo;
morada de Dios, se cauto
contigo mismo y no derroches
lo que no tienes, ama sin
miedo lo que quieres; amar
es el arte de vivir en paz,
vive en paz con tus
debilidades; porque de ellos
nacen tus fortalezas, se
benigno contigo mismo y
escucha el llanto de
aquellos de voz apagada
pues ellos buscan libertad,
has del polvo tu castillo; pues
tu inmortalidad de ello proviene,
no te compares con el tonto
ni seas orgulloso porque
todo es vanidad, la vida te
corona con incienso si eres
humilde y sencillo, la esencia
depende de tus actos.
Vive, ríe, llora y sobre todo
se feliz, la vida es un tesoro
y se acaba cuando tú ya no
pienses en ti.
Recuerda que: no eres
superior ni inferior a tu polvo.

Ella

Ella es un puñado de tierra
hecho mujer, yo; un granito
de arena escribiéndole
poesía, ella es escultura
de Dios, y yo aficionado
del arte perfecto, ella es
río de cristalinas aguas, y
yo tan sólo cauce
bañándome en su frescura.

Ella es flor tierna de abril
perfume exótico, yo; tan sólo
amante de su belleza
primaveral, ella es un vals
clásico preludio sin igual, y yo
humilde músico amando sus
notas celestiales, ella es
una pincelada majestuosa
pintura inmaculada, y yo; artista
de oleo puro, ella es un vals
de perdón agua sagrada, y yo;
un pecado buscando absolución.

Ella es ramo de flores en altares
divinos, yo; vasija de barro besando
sus pies, ella es manto blanco
y yo amo su pureza, ella es agua
bendito oasis profundo y yo
tan sólo un hombre amando su flor.

Si tú me amaras

Oh amor mío, si tú
me amaras...

Posaran las abejas su miel
en mis labios, tiernos colibríes
beberán entonces mi
dulzura, cortará el jardinero
la flor más hermosa y la
pondrá en mi pecho, y así,
el rocío en la fresca mañana
besará mi calor
y acariciará mis latidos,
buscará mi tierra las raíces
del líbano y, en sus verdes
hojas esperanzas brotarán.

Oh amor mío, si tú
me amaras...

el mar descansará su playa
en mi frente, el
sol dorará tiernamente las
arenas y elegantes palmeras
mecerán mi viento, las
notas harán de mi alma
un pentagrama; suaves violines
entonarán eterno preludio,
elevarán su vuelo al
cielo de mi mirada las blancas
gaviotas y la costa de
mi calor llamará tu piel
a broncearse.

Oh amor mío, si tú
me amaras...
seré leño verde buscando
hoguera para arder
con tu fuego, tren con
destino a la eternidad,
río buscando el mar,
brisa buscando ser
lluvia, pasto que sueña
ser flor.

Si tú me amaras
seré un verso de
clásicos poetas, o bien
poeta que sueña
ser poesía.

Si tú me amaras...

Luna

¡Oh luna! Tú que vives
en lo alto, haces brillar la
noche con tus cabellos
plateados, tú que vez a los
enamorados refugiarse
bajo tu luz.
¡Oh princesa plateada!
que reinas en las alturas
sagradas, eres musa
de poetas suspiro de enamorados,
en tus cabellos de blanca
seda bailan las estrellas, oh luna,
princesa adorada; la pluma
del poeta te escribe
alabanzas, con la quietud
de tu luz arrullas versos
alegres y nostalgias.

Oh princesa plateada acoge
hoy mis versos, cobíjalos en
en tu luz eterna en tu
alma blanca, tú que perfumas
con un beso puro y sincero
la corona sagrada pasión de
enamorados desbordados
de deseos, tú que palpitas en
los sentimientos sensuales
de cálidos confidentes sinfín
en acordes de te amo, tu
voz callada evoca entregas
de caricias que sucumbe
tormentos eróticos
bajo cielo de entregas.

Luna; en tu esencia los besos
y caricias se encadenan,
los amantes en procesión
alfombran tu mirada y confidencia,
y yo vengo a cantarte
y elevarte una oración
con las notas de mi
corazón.

Eclipse

Amada mía, hoy por hoy
nos amamos como
dos planetas, distantes
pero bajo el mismo
cielo, llegará el día
en que seremos
uno solo y nuestro
amor será visto
por todo el mundo
como eclipse total.

Inspiración

Ven inspiración... ven... abre
tus blancas alas de seda
sobre mí, báñame con
soles de ternura suavidad de
tu impecable belleza, ven; bésame
el alma con tu fragancia; así
como el rocío besa la campiña
en la mañana fresca, tu esencia
bautizo que mi espíritu necesita
para morar en el cielo de
tu blancura.
Ven inspiración... rompe las
cadenas de mis miedos e
inscríbeme en los años de tu edad
en las canas de tu eternidad,
en los versos de tu inspiración... hazme
nota en el canto del jilguero hazme
vuelo del colibrí, mirada en el
águila, hazme canto de las
aguas, plegaria de la tierra, inspiración
hazme paz y humilde.

¡Oh! Inspiración... danzar quiero hoy
en tus alas, cantar, reír y llorar,
amar como tú amas,
Inspiración bendita inspiración
yo te pertenezco y tú a mí.

Gitana

Posará la vida su
juventud eterna.

Cantarán los amaneceres
en suaves arpegios,
sonatinas en augurio
cobijarán glorias.

Eres tú amor mío
fuente de mi inspiración,
eres verso de poetas
clásicos, romance de estrellas
y luna, caricia de flores
y perfumes, eres tú
amorcito mi pasión, mi
vida.

Eres sublime verso
flor divina magnolio
profundo, eres agua
cristalina fuente inagotable,
eres trigo maduro
pan bendito, eres
vida, gitana de mirada
impávida.

En tu Belleza

Eres flor sin pasado, tu color
es presente y futuro sol
que reboza de brillo
juventud de mañana
eterna.

Eres suave vuelo de
gorrión, matices
eternos de primavera
gloriosa, eres trinar
de estrellas en
noches ardientes
de verano, eres unicornio
único en el universo
de mis pensamientos,
eres planeta que
mis ojos descubrieron
inmensidad brillante
de estrellas renacientes.

Mujer, amor de mi
constelación de letras, eres
puño sagrado de
querubines, canto sublime
de nardos enamorados.

Hoy y por siempre serás
eterna melodía en
mi altar romántico.

Perfidia

Llegará el día en que tus
labios leerán estos versos
mujer bendita, letras que
tu corazón me enseñó
a escribir.

Así me dices tú: gracias,
porque contigo he aprendido
a querer y amar...
has hecho de mis días nublados
soles de primavera, has
hecho en mí jardín de poesías
musa linda manantial de
letras frescas, áuricos amaneceres...
junto a ti los días sonríen,
gracias por cantarme en el
corazón, tu voz música
divina que me hace
vivir en inmensa paz.

Mientras yo vivo batallando
como árbol que no
quiere besar el otoño, como
pájaro que vuela con
alas rotas, como sol
radiante eclipsado, como desierto
que, aunque goza de un
oasis no puede beber
el agua, así vivo yo.

Y tú: gracias por ser sol
en mi balcón lluvia de
mi tierra fértil, lluvia seda
de mis sueños, viento en mis
cabellos... gracias amor mío
porque tú eres todo para mí.

Yo: como árbol seco
hoja por hoja mis ilusiones
caen a besar la tierra, mi corazón
llora en silencio gritando: mujer
bendita; eres todo y nada
para mí, eres mi fin y
principio, tú y tu belleza
serenata en mi diluvio de amargura
pero arcoíris en mi vida.

Mientras tú cantas, ríes y juegas... mi
corazón se alegra, tus pequeñas locuras
se convirtieron en mi favorita
melodía, pero mi alma llora; puesto que
tus lindas palabras dulces y
soñadoras las pronuncias pensando
en otro hombre

Añorándote

Tantos suspiros a
noches en vela, tantos
latidos a lunas
desnudas, tantos
versos a estrellas
perdidas, el universo
ante mí se esconde.

Música

Cuando tu mirada sonríe
al viento mi corazón olvida
su calvario convirtiéndose
en suave melodía
romántica.

No existe poder alguno
que rompa el
pentagrama de tu
esencia armónica.

Con suave mirra primaveral
alumbras mi vida, así
como el cielo alumbra
siempre la verdad.

Eres vida y pasión
de mis pasiones, eres
música nota autóctona
de querubines celestes.

Hoy te entregaré mi vida
mi alma, la fuerza de mi
sangre el talento de
mi mente, así como
por naturaleza la lluvia
se entrega a la tierra,
la belleza a las flores,
el sol al día, así yo me
entrego a ti, mujer,
música eterna.

Holocausto

Lunas en otoños visitan
mi ventana, soles de
primavera siembran
girasoles en mi alma
clara.
Ara paleolítica
he aquí mi ofrenda, en
mantos blancos
suspira el día cristalinas
aguas beben mi sed,
en riachuelos vivos
cansados mis
pies descansan, sedas
nubes anidan mi
alma, mirra pura
del cielo desciende,
canta una
trompeta volverá
a llover, mi espíritu
vuelve a sonreír.

Éxtasis

Déjame beber el placer
que habita en tus
poros extasiados de tu
piel nácar, déjame
comer el fruto de tu
éxtasis lujurioso, envolver
en suave manta caricias
fuego tu piel
porcelana; mojar con
besos tu vientre
ardiente, beber la miel
de tus pechos que
gritan con ímpetu
el fuego
de mis labios, déjame
hacer de tu cuerpo
una iglesia para
confesarte mis deseos
de tu piel para dejar
en ti mi ofrenda
pecadora virgen, permíteme
lavar mi piel
con la sensualidad
de tu encanto que
hacerte el amor con
frenesí quiero... quiero
calentarte; así como
el sol calienta y madura
al cerezo.

Déjame fundirme en ti.

Holocausto

Lunas en otoños visitan
mi ventana, soles de
primavera siembran
girasoles en mi alma
clara.
Ara paleolítica
he aquí mi ofrenda, en
mantos blancos
suspira el día cristalinas
aguas beben mi sed,
en riachuelos vivos
cansados mis
pies descansan, sedas
nubes anidan mi
alma, mirra pura
del cielo desciende,
canta una
trompeta volverá
a llover, mi espíritu
vuelve a sonreír.

Éxtasis

Déjame beber el placer
que habita en tus
poros extasiados de tu
piel nácar, déjame
comer el fruto de tu
éxtasis lujurioso, envolver
en suave manta caricias
fuego tu piel
porcelana; mojar con
besos tu vientre
ardiente, beber la miel
de tus pechos que
gritan con ímpetu
el fuego
de mis labios, déjame
hacer de tu cuerpo
una iglesia para
confesarte mis deseos
de tu piel para dejar
en ti mi ofrenda
pecadora virgen, permíteme
lavar mi piel
con la sensualidad
de tu encanto que
hacerte el amor con
frenesí quiero... quiero
calentarte; así como
el sol calienta y madura
al cerezo.

Déjame fundirme en ti.

Amanecer

Ella es de mi jardín
la flor más hermosa,
del pétalo el
color sincero, ella es
rayo tierno de sol
matutino, gota
de lluvia besando
la tierra.

Ella es cosecha de uvas
maduras, trigo en
los graneros de
Israel, ella es
esencia suave mirada
de Nefertiti, ella
es canto de
cosechas místicas
en el corazón
de el Rey Salomón, ella
es cáliz áurico del
Faraón, tierna
obediencia en
Moisés.

En tu mirada

Amor; Dios puso en tus
labios la dulzura del
vino fermentado en
Canaán, en tu rostro
la juventud de
orquídeas eternas, en
tus ojos
resplandor majestuoso
de auroras dulces.

Amor mío; tu fragancia
se eleva desde
los jardines de París
hasta la torre de Babel,
tus cabellos
bautizados en mirra
los poros de tu
piel cincelados en
pureza de oro
y verdad.

Tienes fortaleza
de castillos y suavidad
de rosas,
eres espada en
batalla y oveja en
pasto verde, eres
tú flor de mi
árido desierto,
raíz que mi piedra
quebranta, tu amor gota de agua
que calma mi sed.

Mujer

Oh mi Dios bendito; Tú, en tu
infinita perfección creaste
los Cielos y la Tierra, con tus
poderosas manos cogiste
un puñado de tierra y
moldeaste con ternura
y amor al ser hermoso
a quien llamaste: mujer.
Ho JAH, mi corazón
en gracia te canta y agradece
pues la mujer que
moldeaste; hoy has hecho de
ella mi compañera, mi amiga.
Mujer te amo, tienes en el rostro
la maravilla de tu creador, en
tus cabellos se trenzan la
primavera como rayitos de
girasoles soles, tus ojos estrellas
de incalculable brillo, tu mirada
paraíso de paz que me llena de
juventud, tu cuerpo geografía
trazada por el eterno viviente, en la comisura
de tus labios brotan melodías
perfumadas de vergel Edén sin pecado.

De tus manos nacen las caricias
más sinceras como
blanca neblina en verdes pinabetes.

Hoy y en la
eternidad acompañaremos
nuestros pasos, nos amaremos
como Cielo y Tierra, como
tierra y semilla, tú serás
tierra fértil y yo agua de

blanca nube, danzaremos
juntos yo seré violín
y tú mis notas.

Mujer te amo porque
eres perfecta en tu imperfección,
porque como ser humano
te equivocas y como
<u>mujer aceptas</u> tus
errores.

Mujer de laureles y cantos,
hoy te elevo música
escrito con sinceridad
de mi corazón, mujer; me
has bautizado con tu amor,
de ti conozco... ni siquiera
tu nombre conozco pero
sé que vendrás y
entonces te
amaré como hoy
te amo.

Bella
(poema haiku)

Se alegra el cielo con tu presencia,
canta la campiña
tu nombre, despliegan los
violines su armonía, allí
estás tú

Sueños

En el sueno profundo
sus pies sacudían la
ceguera de su caminar,
se diluían sus sueños
en fantasías y realidades,
una sociedad olvidada
a lo lejos lloraba,
el sol en la altura
contemplaba la
sed arrastrar el agua
consigo y la lluvia sin
prejuicio derramaba
su pureza a justos
e injustos.

Bésame

Bésame, abrázame, libera
con tu mente el poder
de tu corazón, bésame
como nunca has besado, yo
con un beso frágil maduraré
tu vientre virgen
así como el sol madura
al cerezo en su invierno
aposento, desnuda tus
sentidos pues los míos
celosos esperan el
beso de tu miel, desnúdate,
mis ganas arden como
encinos en arcaica hoguera.

Oh mujer; bésame suave y
sin prisa, hoy no existe luz
que nos vea ni pecado que
nos castigue, solamente
nuestro amor, juntos, fundidos
como barro y agua, sol y luz
eternos como tierra y cielo.

Bésame; así como el rocío
besa la flor y el espino, bésame,
hoy en tus manos sumiso
estoy.

Bésame sin miedo y sin prisa...

Fulgor

Mujer; tus besos son la tinta
de mi humilde pluma, tinta
que plasma
poesía, tu belleza; un
pedacito de cielo sagrado
altar donde descansa
tu pureza, tu voz; alabanza
mirlos elegantes
en cordilleras puras.

Mujer; eres mi tinta,
mi pluma, mi inspiración
mi poesía, eres mi canto
poético en vuelo
de gaviotas besando el
ocaso, eres la nota
de sol que cantan las
olas del mar en coro
de sirenas, eres
paraíso hecho mujer
musa de ángeles
pintores, musa de
dioses, eres luna y sol
fuego y agua, eres
piedra preciosa esculpida
en cuna de soles fragancia
amor, eres arte hermoso
que Dios ha esculpido
con elegancia,
eres musa, eres
mujer.

Polvo y Ceniza

Soy la hoja seca
que el viento deshoja
del árbol, soy la
historia del que todos
hablan y nadie lee
nadie conoce, soy la
última letra de
aquel verso escrito
con la pluma sin
tinta en la hoja en blanco,
soy gota de agua en
barro seco; tierra y pensamiento,
soy la pluma que
escribe <u>poesías tinta</u>
inspirada en más de
una musa, soy el
hombre que por amar
a más de una mujer olvidé
amarme, soy raíz en busca
de agua, soy flor de
estío, soy aquel hombre
que por beber una
copa de vino bebe el
viñedo entero, soy
tierra clamando lluvia,
neblina presagiando
gélido tiempo, soy sol
besando tierras desconocidas.

Soy pirata buscando el mar,
mi barca mi bandera, soy
un hombre
bebiendo miel de muchas
flores,
soy pirata soy todo y nada.

Olvido

Dices que ya no
me amas y
quieres olvidarme
por completo, que
mi amor en ti
solamente fue vil pasatiempo,
yo te digo: me rehúso
a olvidarte,
porque jamás te
quise y menos te
amé.

Solo

Ha peinado su último
cabello plateado la
luna, la última hoja
ha caído del árbol, y yo
sigo esperando por ti.

Dime vida mía: ¿Cuántos otoños
más deberá contemplar
mi alma?, ¿Cuántos ocasos más
deberá contemplar mis
ojos?

Levanto la mirada al cielo
endrino y tan sólo veo
lágrimas que corren por
mis mejillas, ya no brilla más
el imponente sol, sus cabellos
de oro fuego tu adiós
lo ha apagado, ya no ríe más
la orquídea en el jardín, ya no
cantan más las aves del prado,
ya no rugen al viento las hojas
del verde pino, el arpa ha
apagado su voz, la guitarra
ha quedado sin cuerdas las
notas se pierde en el pentagrama,
los planetas se han salido de
su órbita, y yo, yo sigo esperando
por ti.

Podré olvidar mi nombre, podré
olvidar mi poesía, pero yo
sigo esperando por ti, podré
olvidar que soy pecador pero
jamás podré olvidarte.

Memorias

Hoy he vuelto a recordar amor mío
los momentos que juntos
esculpíamos nuestros besos
en la mejilla del cielo, aferrados
a la cintura del viento bailábamos
las notas melódicas del perfume
de tu mirada.
Las aves en su vuelo y canto
adornaban el paraíso donde
nuestros pies tatuaban nuestra
historia, las orquídeas y jazmines
pintaban el mosaico
de tu sonrisa coqueta que
conquistaba el encanto
del pavorreal.
En el teatro de tu silueta
mis suspiros escribieron emociones,
amor que nació como
tempestad, como relámpago.
Hoy el arcoíris de mis retinas
lloran el vaivén de tus caderas;
porque en ese día te conocí y desde
entonces no te he vuelto a ver.
La lluvia ya no riega mi jardín, la primavera
de mi corazón ya no la visita
el sol, las gardenias han perdido
su aroma, el cielo ha cerrado
la ventana y el mar ya no juega
con sus olas, desde que no
te he vuelto a ver he muerto
en vida.

Intrépida

Hoy alzo mi pluma para danzar
junto a tu belleza inmaculada
mujer.
Con esencia de rosas te escribo
estos versos; ¡oh mujer! Himno
de alegrías en rocío
manantial y victoria melódica
en azul ocaso notas de lluvia
que besan la tierra, con tu
mirada fulgente tu figura
de mujer diosa conquistas
el universo inmenso.
Tienes sangre aguerrida, mente altiva,
eres mujer de espada victoriosa,
eres zafiro de esperanza, manantial de
gloria, tu valor y orgullo de
mujer sable que corta grises
vientos, tu nombre petrifique
miradas funestas de vil hombres
que pierden la mirada en el vaivén
de tus caderas, tus sueños y
anhelos conquisten laureles
y el omnipotente Dios te corone
reina y princesa de batallas
contra los males que te asechan.

Larga vida a tu nombre,
larga vida para ti mujer
aguerrida.

Bermellón Amor

En tanto la magia de tus
besos embelesan mi
alma, mi mirada besa
luz pálida de luna cantora.

En plateados cabellos
su voz de loba ahuyenta
miedos débiles, labios
sonoros laúdes de
esperanza ortodoxa descienden
en árboles verdes,
suave corazón nota
sideral de vientos inertes
acarician mejillas
enamoradas.
Mi sangre pálida corre
recóndito inédito de mi
geografía indómita.
¡oh amor mío! Extraño tus
caricias sutiles de luna nueva,
de tus brazos fuego.

Un Verso a la Amistad

Cual cascada es tu amistad
torrente de abrazos
sinceros que brotan de
tu corazón escarlata, río
dulzura cristalina bonanza
de amaneceres sonoros en
notas de trompetas de
vientos celestes.

Perfume audaz es tu mirada
gladiadora que alimenta
mi vida al estrechar tu
sonrisa, eres pirámide de
alegrías pilar de honestidad, en
rosas jóvenes se acuna
tu humildad y en ti brilla
la sapiencia, eres amigo(a)
y hermano(a), eres
amistad perenne
que hilvana destellos de honor,
eres luz radiante de
relámpago atardecer,
amistad otoño y primavera,
invierno y verano,
gracias por ser mi compañero.

Nancy

Flor de imperios ideales
flor esculpida en versos
poéticos, racimo
de rojas uvas.

Eres melodía
de fuentes arcaicas, caricia
sonora de amaneceres
fulgentes, eres
tú amor mío cáliz de
dioses eternizados en
piedras, eres
fuerza voluntad y triunfo.

Eres flor de mis
enamorados sentidos,
esencia de trópico vivir, tu
nombre ondea al viento
cual bandera de gloria,
tu nombre lo
llevo grabado en el
corazón como suspiro
de mi primer día de vida.

Tú me das libertad, tú
me haces libre, porque
tú eres mi vida.

El Amor

¡y si hacemos el amor! Tú
me acaricias con
tu belleza; yo con poesía.

Yo leeré los versos
fogosos en tu mirada,
y tú los escribirás en mis entrañas.

La Luz de tus Ojos

No existe nada más
hermoso que estar
enamorado de ti, ni
lugar más placido
que el vivir en tu
corazón, no hay
nada más dulce y
romántico que escuchar
de tus celestes
labios pronunciar mi
nombre, no hay
nada más hermoso
que el amor.

¡Qué bonito se siente!

Pirata

Quisiera ser un poeta
y escribirte poesías con
los mejores versos de
mi jardín inspirado, quisiera
ser poeta y llenar tu
corazón con romanticismo,
quisiera ser pirata y así
navegar en el inmenso
mar de tu sonrisa de tu
mirada, ser pirata y hurtar
tu corazón.

Poesía

Poesía es beber una
taza de café endulzado
con esencia de tus
besos.

Poesía es amarte
con defectos y virtudes.

Poesía es amarte
sin miedo a sufrir.

Poesía es entregarnos
uno al otro
con fe y confianza.

Poesía es amarnos
así mismos.

Poesía es vivir con
fe y esperanza.

Poesía es... amar.

Sonrisa De Media Noche

Con falda escotada y tacones cansados
caminas derramando perfume
de tu encanto en aceras donde
duerme la luz silente del farol, al
vaivén de tus caderas la
mirada de hombres conquistas, el
maquillaje cubre la tristeza
de tu rostro, pero no el de tu
corazón, el lápiz labial florece
el otoño de tus labios y, por
dentro tu sonrisa se ahoga, en
el alma llevas una pena que
crucifica tus alegrías, mientras
tus labios sonríen tu infierno lloras,
pero eres aguerrida y desafías
tus nostalgias.
Como mariposa abres tus alas
para posar el placer y el encanto
de la flor que pueda llevarte
a tocar las estrellas o el infierno
que odias, en un beso entregas
el corazón herido y te llenas
de escarcha o café con nicotina, la
sombra de la noche se mezcla
en tu mirada y en tus frágiles
mejillas corren dos lágrimas de fuego
que te hacen recordar el
cruel engaño que tratas olvidar

en la esquina de tu presente, incansable
sueñas con alguien que te quiera
que te escriba un "te amo" sincero en
tus latidos efímeros y agobiados,
la noche es juez de tus actos y
tu necesidad cómplice de tus desvelos.
Son dos tiernas margaritas el
perfume de tu jardín de valentía, son
las que disfrazan de sonrisa de llantos,
por ellas amas la luz del farol, por
ellas eres quién eres, por ellas
vendes sonrisas.

Cada Día

A veces quisiera tener
el valor ese mismo valor
que tengo cuando solo
en mi habitación escribo
tu nombre en ese
blanco lienzo papel, puro,
sincero, virgen; donde
solo tu nombre puede
estar escrito.

Es verdad, sólo tu nombre
quiero escribir, y tener
el valor de decirte que,
solamente tú tienes la
culpa que yo sea tan feliz,
decirte que junto a ti todo
es perfecto, que junto a ti
conocí la fuerza de mi debilidad,
en ti descubrí
que mi amor sin ti no es nada.

Es verdad, quisiera decir que
te quiero, que te necesito, que
en la distancia sólo quiero
saber de ti, decir que los
latidos de mi corazón
suspiran por ti... decirte que... cada
día más necesito de ti.

Serenata

Hoy vengo al pie de
tu balcón a darte
serenata, en el corazón
un ramo de bellos
versos, en la voz un
coro de estrellas.

Que despierte la mañana
junto a tus ojos dormilones,
que la reina luna se
desvele porque hoy
vengo a cantarle a mi amada.

Mujer; levántate y acércate
a la ventana que las
cuerdas de mi guitarra
hoy lloran de júbilo junto
a las notas de tu
mirada, que despierte
el alba y que canten los
luceros en la vincha
de tus cabellos, mírame con
tus ojos de rocío que mis
versos hoy vienen a
postrarse ante el altar
de tu belleza.

Mi corazón hoy te canta,
mis pensamientos se alegran, hoy
vengo a darte serenata
novia mía.

Amada Mía

Quiero reposar mi alma
en el fulgor de tu infinito aliento, en
la escultura de tu cielo abstracto,
en la tempestad de tus
besos analíticos en el brillo
silente del te amo
que pronuncian tus labios
callados, en la ausencia del te quiero
de un beso enamorado, en
el letargo de tu dulzura, en la
voz sonriente de tu mirada, en
la religión de tu cuerpo
bendito, en el régimen de
tus deseos en la jerarquía de tus encantos.
Quiero amada mía reposar mi alma
en la iglesia de tus pensamientos, en
el velo de tus cabellos, en los
momentos cuando me piensas,
en la espiga dorada de tu aliento en
la libertad eterna del fuego
de tu sensualidad, en tus
viejos perfumes de tus primores
promesas, quiero amada mía
reposar mi alma en los
latidos de tu corazón.

Amada mía... amada mía... quiero
reposar mi alma en el
espíritu de tu manantial sublime,
en el cortejo de tus pasiones, en
el júbilo de tus caricias.

Amada mía; hoy quiero descansar en ti.

Mi Reina

Hermosa como flor de clavel, racimo
de rojas uvas viñedo
del cielo, así eres tú reina
mía y por la eternidad
te amaré.

Sentado contemplo tu
belleza como sol
enamorado del cerezo, bailaré
cual nota de clásico
bolero enamorado de
tu sonrisa gotita de
rocío arcoíris sin edad.

Mujer inspiración sin
final de belleza áurica
magnolio profundo dulce
amanecer sereno, eres
suavidad de vientos nórdicos
ancla de veleros oníricos, mujer
verso de poetas clásicos; escultura
de alfarero pintura de
Leonardo Da Vinci, nota
clásica de Mozart, orquídea
simbólico rayito de sol.

Eres musa de mis poemas,
mirra de mis pensamientos.

Kamikaze

Mientras el tic tac del reloj
corre a prisa los segundos asesinan
los minutos, atrás se escucha
un grito; es el pasado sollozando,
mientras el futuro se torna una
carga pesada y el presente como
atleta esperando alcanzar la meta
en el horizonte para coronarse
campeón de lo inaudito... pensamientos
innatos descubren el cadáver
de las horas sepultadas en las partículas
del ayer fortuito.
Es dos mil cincuenta y el horizonte
cada vez más lejano al presente, monstruos
de piedra carcomen los sueños
del tiempo inhóspito y, los vértigos
de la vida sedientos de éxito inefables
montículos del espacio sideral
descubren la perfidia del futuro
marcado en las huellas del presente enigmático.
Son las tres de la mañana
no puedo dormir, el cadáver de mis
recuerdos habitan las paredes
de mi mente y el cielo testigo de
<u>mis desvelos sólo observa</u>
el llanto de mi pluma.
Éste es el planeta en el que vivo, son
las cuatro de la mañana y el grillo
sigue cantando...

¡Oh Dios! La mañana me
despierta una vez más he
vuelto a desvelar.

Segundos

Por el humo que beben los ojos negros
por el asma que enferma al leño verde, por
el vidrio que mastican los dientes podridos, por
el dinero robado en la ignorancia mediocre,
por los días en tinieblas que disipa la
audacia, por el azúcar agrio
que endulza el negro café, por el
hierro forjado que martilla las
penas sin misericordia, por las
manos sin fuerzas que se levantan al
cielo lejano, por la ceguera de
los ojos que ven al perdido

lejano horizonte por la balsa
sin remos que navega en sueños
incumplidos, por el agua salada
que beben los labios secos, por
el polvo que levanta la sombra
inconsciente, por la ceniza
de la inconciencia, por el
trigo maduro sin cosecharlo.

Por el dolor de mi pluma
al escribir estos versos.

La tierra llora injusticia dolor
que padecen sus hijos morenos
dolor que ellos forjan.

Besando tus Deseos

Bajo tenue luz de luna
despojaré tus ganas así
como el viento deshoja las
margaritas, y al compás de una gota
de lluvia mojaré tus deseos.
Como ninfa que duerme sobre el Nilo así
quedará tu piel bañada de besos, y
como jardines colgantes de
Babilonia así quedarán tus prendas
de seda en noche obscura.

Esculpiré tus pechos pirámides
egipcias con tinta de besos, embriagaré
mi alma con fresca agua cual
río Jordán corre en tus
extremos.
Mujer; beberé del cáliz de tus
labios el dulce vino que añeja
el fuego de tu pasión, allí donde
la lujuria de tu geografía es liturgia
de tu éxtasis.

Vestiré mi piel con el paraíso
de tu mirada, saciaré mis poros
con tus caricias, te
haré el amor en jardines de
estrellas, porque eres tú
diosa de mi universo de pasión.

Amarga Dulzura

¡Ay! Corazón...
si no tienes memoria
porque no olvidas.

Si te haces daño al
amar; porque no aprendes.

Corazón masoquista.

Placeres

De los viñedos he bebido
los mejores vinos, de
los jardines he cortado
las más hermosas flores,
de los banquetes he
degustado los mejores
platillos.

Mis ojos han contemplado
muchos poros desnudos, mis
manos han despojado
tantas lencerías y
mis labios han besado
tantas joyas genuinas.

He bebido de fuentes
las dulces aguas, de amaneceres
la luz, de las noches lo
prohibido.

No le he negado placer
alguno a mi cuerpo... pero
aun así, tengo sed,
beber quiero de tu
corazón sincero amor.

Éxtasis

Me acostumbré a
quitarle la falda a
tus ganas, me acostumbré
a hacerle el amor a
tus recuerdos.

Desprecios

Paso las noches contemplando
tu rostro en el cielo,
escribiendo tu nombre
con las estrellas, siempre
paso pensando en ti, y tú; y
tú ni siquiera con desprecio
me miras.

El Amor

El amor es el sentimiento
más hermoso en la vida; pero
también es el que más
duele.
El amor no es sólo
palabras bonitas musitadas
con melodías, no
sólo son caricias y
abrazos que se dan
sin fundamento, el amor
es bailar sonriendo
bajo la brisa, coronarse
el alma con el arcoíris, el
amor es sentir la lluvia
acariciar la piel es cantar
junto a los pajaritos.

El amor no es jactancioso,
el amor es verdad, el
amor es sentirse vivo, el
amor es: quererse y
amarse así mismo, el amor
es amar al prójimo, perdonarse
así mismo para poder
perdonar a los demás, el
amor es rebosarse de
juventud, el amor ama
sin condiciones, el amor tiene
ojitos de ángel y mirada tierna.

El amor perdona todo, no conoce
el odio ni rencor, pero sí
conoce de dolor, tristezas,
llantos y alegrías, el amor es
comprender si yo te

mentí o tú me mentiste, el
amor es virtud maravillosa,
no discute, el amor se
aprende el amor te enseña
a amar, el amor perdona
todo para volver a empezar o
simplemente seguir el
camino en armonía y paz.

El amor es amistad el amor es
sabiduría, el amor es
esencial, el amor es filosofía
que muchos no comprendemos,
el amor es teología que
todos debemos conocer.
El amor es tener un espíritu
manso, humilde, sencillo
y libre; el amor es puro
y sincero, el amor es el Cielo y la Tierra,
el amor es perfecto, es
victoria en cosechas de
trigos maduros, es fuente de agua
en desiertos olvidados, el
amor es vida eterna si aprendes a
perdonar... el amor es
sabia decisión, el amor es AMOR.

En Un Verso

Ella sabe que la amo
pero no sabe que a ella la amé
primero, ella sabe que la besé,
pero no sabe que a ella
la besé primero, pero
ella no sabe que a ella
la amé primero.

Ella está conmigo en
todo momento, si lloro
ella llora, si rio ella sonríe,
si estoy feliz ella es feliz,
cuando caigo ella me
sujeta en sus manos, de día
y de noche ella es mi
verso bendito en mi poesía,
ella es un tesoro que
guardo entre mis tesoros, pero
ella no sabe que a ella la amé primero.

Oh mujer, ayúdame a decirte
que cierro los ojos sólo para
verte, ayúdame a decirte que
te soy infiel.

Alba y Ocaso

Me convertiste en lluvia,
me convertiste en agua.

Me convertiste en tierra, me convertiste en polvo.

Me convertiste en sol,
me convertiste en calor.

Me convertiste en luna, me convertiste en blancura.

Me convertiste en estrella,
me convertiste en brillo.

Me hiciste fuego, me hiciste braza.

Me hiciste viento,
me hiciste torbellino.

Me hiciste pecado, me hiciste infierno.

Me hiciste libre,
me hiciste paz.

Me hiciste trovador, me hiciste verso.

Me convertiste en bohemio,
me convertiste en señor.

Me hiciste fuerte me hiciste grande, soy alba
y ocaso.

Hoy soy: trovador, bohemio, fuego, agua, luz, sombra
borrasca, infierno y paz, soy infinito, libre
y soñador, a veces loco a veces señor.

Colores de mi Tierra

Yo amo la belleza; belleza que
habita en los colores rojo y verde;
rojo: calidez y dulzura de
tus labios mujer chapina, eres
delirio de poetas apasionados.
Verde: libertad y pureza
de tus montañas vientos
alegres Guatebella, mezcla
perfecta de naturaleza
y mujer, color de ceiba y
plumaje en el quetzal.

Yo amo la belleza, sí, la
belleza de la blancura, radiante
color pureza en corazón
humilde y elegancia en la
monja blanca.

Yo amo la belleza... amo
los colores azul y blanco; azul: océanos
melódicos Pacífico y Atlántico que
te cantan tierra mía
al son de tus marimbas,
confundiéndose con el
azul del Cielo casa de Dios
que posa sobre cedas nubes
blancos jardines colgantes
que adormece en la
bandera.

Yo amo la belleza... la
belleza de tu folklore
tierra amada, desde
el canto de tus maderas
hasta el estruendo de
tus volcanes, Guatebella pedacito

de tierra sueño cultivado, tierra
donde mis ancestros Mayas
sembraron semillas
de frijol y de maíz y hoy
siguen germinando como mis
pensamientos al viento, como
suave brisa sobre las
hojas de milpa trenza en tus
mujeres.

Yo amo la belleza de tu
glorioso himno nacional
mi Guatebella, paraíso hecho
alabanza canto
a tu inmortalidad.

Yo te amo tierra mía, amo
tus colores, colores que
viven en tu gente y escudo,
bellos y majestuosos como
el gran Tikal, corona de
laureles, espada de
triunfo pergamino de
pensamientos invencibles
que día a día laten y corren en mi
corazón y sangre.

Yo soy amante de tu
belleza mi Guatebella.

Ganas de Ti

Quiero hacerte el
amor con un beso.

Desnudar tu mente
desnudar tu cuerpo, besar
tu éxtasis saciar mis ganas.

Quiero hacerte el amor
con un beso.

Así como el rocío
le hace el amor a la
rosa besando la flor
y el espino; así yo
quero hacerte el amor.

Hoy tengo ganas de
ti, solamente de ti.

Amanecer

En la efímera ausencia de
mi presente los arrabales de
mis pensamientos tropiezan
ávidos en el polvo
de mi ceguera.

Marchita la mañana
el sol se oculta en el horizonte
donde guardo el cansancio
de mi insípida mirada.

Sigiloso y gélido vendaval
agita los costados de mi vértigo
transeúnte, cansado
los latidos de mi ironía volátil,
la inocente vida sonríe a mi ingenuo acto.

Sublime rayo de luz alumbra
los pasos de mi conciencia
y yo ahogado en mi cobardía veo
marchar la sapiencia
llorando.

Enfurecido, grito: un día más...
el rocío besa mis ojos
cansados, la paz abraza mi alma,
una oportunidad más que
hoy he de iniciar.

Oh claridad habita en mí

Pecador

Si por amarte soy
pecador; entonces ven
y bautízame con tus
besos, así y solamente así
sabré si heredar tu
gloria o tu infierno.

Mi Poesía

Amor, quizá nunca seré
un poeta, pero tú siempre
serás mi poesía.

SOS

Los pilares de mi imperio
se derrumban, taciturno
el día mis polos me
traspasan gélido puñal,
derretida mi sangre sin
armadura quedan mis huesos,
perdido mi espíritu
mis pensamientos
carcomen mi carne, mi
voluntad espada sin filo
dócil olvido, océanos
desfilan por mis mejillas
mis labios se alimentan de sal, como
noria recorro el presente, nuevamente
me he vuelto a olvidar.

Otra vez me has
vuelto a visitar memoria sin raíz.

A tu Belleza

Te escribiré poesía
amorcito mío, versos
forjados en miel y arena, en
viento y lluvia en espada
y verdad.
Te escribiré desde los
umbrales de mi corazón
enamorado hasta el
pórtico de tu dulzura, estos
versos son
para ti amor, forjados
de suspiros,
mi flor de amapola.

Flor

De mi jardín; eres
la flor más hermosa.

De mis días;
rutilantes auroras.

De mis colinas; prado
verde celestial.

De mi tierra; pan
verdadero.

De mi fuente; cristalinas
aguas.

Así eres tú reina mía, te
amaré sí te amaré
aun después de la eternidad.

Vida
(proverbio)

La vida es como
una flor, si en su
momento no contemplas
su belleza, después
sólo lamentaras su
existencia.

En tu Mirada

Tan sólo soy
un verso que
buscar ser poesía
en ti.

Tan sólo soy
suspiro que
suspira por ti.

Tan sólo soy
semilla de trigo
que busca germinar
en ti.

Mi Filosofía

Soy hombre hecho
de tierra que trabaja
la tierra.

Soy hombre hecho
de agua y fuego
nube y viento.

Soy hombre hecho
de luz y sombra,
sol y luna.

soy sólo un hombre... el
día y la noche posan
en mí.

Soy un hombre... soy
pensamiento y realidad.

Soy hombre, esclavo
y libre alba y
ocaso.

Mujer II

Cual triunfo de David sobre
Goliat te veo llegar, tu
impávida mirada estandarte
de laureles, reluciente como
sol tu mirada, tu sonrisa; matiz
de triunfos mosaico de glorias.

Tu voz; estruendo indómito
de dioses erguidos, en canto
de trompetas danza
tu corona, cual espada
afilada de Napoleón tu
nombre, cual certera
flecha de Robbin Hood tus
pensamientos.

¡Oh mujer! Fragancia mística
cubre tu rostro velo
de pureza, tu corazón; mástil
que ondea sapiencia y tu
espíritu trono de valor y
dignidad.

Las batallas caen a tus
pies, las guerras te rinden
homenaje, el protocolo
de tu imagen presagia
confianza, el templo de
tu humildad imparte
indulgencia.

Honores a ti mujer.

Fragancia

Fragante rosa; me has
vestido con tu pureza,
me has dado libertad, en
tu color mi vida hoy sonríe,
mi espíritu; lirio del campo
agua de lluvia
bendita y sagrada.

De oro has vestido mi
piel de nieve mi alma.

Rosa fragante rosa de paz, rosa
de amor, así como vistes
al campo
así me vistes
tú.

Canto a la Mujer

Mujer; te has convertido en
la carne de mis
huesos, sol que mi sangre
cultiva día a día.

Pétalo maduro bañado
de amaneceres, hoja
verde pórtico cedro profundo.

Vuelo de canticos ancianos,
vereda de jóvenes viejos.

Huella de kilómetros
cansados, sudor de fuego
en mis pies ligeros.

Mujer; color de perla
preciosa, fulgente y
siempre andante.

Puñado de rocío en
noche fresca, margarita
deshojada al viento sutil.

Luna fresca de mi cántaro
antiguo, aceite
refinado de mi vela viva.

Nostalgia

Implacables vientos azotan
mi playa arrastrando mis
arenas al profundo abismo; hacia
el olvido, pareciera que la
misma lava derritiese mis
huesos mis metales, mis sentidos,
solo y herido he
quedado, así como el
vientre de la madre Tierra
vituperada por
el hierro inconsciente del minero.

Oh Dios, si ella me oyera!

<u>El tañido acampanante</u> de
mi alma inquieta implora
su mirada, solo sentado bajo
el inmenso cielo la luz pálida
de luna ciñe en mi piel
la vejez de mi olvido.

La tinta de mis venas hoy
de amargura y, en la memoria
de mis recuerdos la última estrella
de diciembre y el último pétalo
de abril se resisten a existir
mientras escribo estos versos.

¡Si ella me oyera!

Escucharía que ella
es el latido de mi corazón, pues
sin ella yo no existo.

¡Ay reina mía!

si sientes olor a cigarrillo
pasar por tu ventana, no, no
pienses que estoy fumando; son
tus recuerdos que hoy
me bañan a nicotina.

¡Ay amor!

Busco un refugio, un descanso y
el letargo al verme herido
huye de prisa, solo y cansado
vuelvo a la profundidad de
mi sombra morada
de mi nostalgia.

¡Ay reina mía!

Si tan sólo supieras,
<u>si</u> tan sólo escucharas
que mi corazón guarda
la antología de tus
caricias, guarda el
silencio travieso de tus
ganas... te extraño.

Enamorado

Me enamoré de ti, de tus
ojos negros flamencos que
danzan al viento celeste, me
enamoré de ti; de tu
belleza áurica portal lirico
escultura fina de días
dorados, me enamoré de
ti; de tu voz mirlo que
canta junto al viento melodías
vergel matutino, me
enamoré de ti; de tu cuerpo
pícaro que noche a noche
seduce la fantasía de mis
instintos infierno, me
enamoré de ti y solamente
de ti, de tu cobardía y valentía
de tu infierno y de tu gloria, de
tus pecados y de tu
perdón.

Me enamoré completamente
de todo, de tus éxitos y derrotas
de tus locuras y amarguras,
de tu risa y de tu llanto, de
tu ingenuidad de tu sapiencia.

Colibrí

Vuela colibrí vuela y no
mires abajo, abre tus alas
al viento que yo contemplaré
tu vuelo, que tus alas respiren el aire libre de
nuevos prados y tu alma
beba la miel del rojo clavel, no
voltees la mirada pero
tampoco olvides el regazo
que te cobijó, vuela sobre la campiña juega con los
rayos del sol, viste tu plumaje
de primavera, siente la
brisa fresca que acarician tus
labios que yo en la distancia volaré contigo.

Colibrí; hoy mi corazón se viste
de tristeza mis ojos lloran en
sequedad porque mis lágrimas
se han mezclado con mi
sangre, mis venas te lloran, de ti
sólo me queda la pluma como
hoguera en mis recuerdos, aguerrido digo: podrá
mi cuerpo dejar de sentir los rayos del
sol; pero jamás mi corazón dejará
de sentir tu calor, las cuerdas de
mi <u>guitarra rotas</u> quedaron con tu vuelo
las notas de mi voz se ahogan su llanto.

Colibrí yo sólo quería vivir a tu lado sólo quería estar en
tu vida, tan sólo quería construir una vida nueva, hoy
me queda
solamente tu ausencia entre mis brazos, vuela colibrí vuela,
que
tu mirada, tus besos, caricias y sonrisas aniden en la liberta de
otros

labios, el viento te trajo a mi nido y hoy te lleva a otro nido, vuela como el
águila colibrí vuela alto, besa el cielo y confúndete con el sol que tan
brillante son tus ojos que serás mi luz, vuela colibrí vuela, que yo siempre
estaré aquí si decides regresar.

Mustio

El día cerró sus ojos
ante aquel huracán que
sigilosamente sangraba sus venas, como
ave herida sus alas se despidieron
del viento.
Cual navaja afilada rompió su voz, el
mañana a ciegas deambulaba
mustia en pasos inhóspitos y, yo
sólo observo desde el
montículo de mi árbol genético.

La sombra del sol opaca
la tierra seca haciéndola
más dócil al dolor, me
pregunto: ¿A dónde va un día sin claridad? No
lo sé.
Nubarrones presagian tormentas
en el cielo relámpagos lloran
cantando, una estrella reza por
alumbrar y un planeta suplica vivir.

Un día más viene, la mirada de mis
ojos imploran dulzura de clavel, mientras
la última hoja seca del otoño mese
su partida el rocío sonriente
es acariciado por el primer rayito de sol
que abre el corazón de primavera,
junto a él mis latidos brotarán.

Cadenas

Llora la tierra los pecados
de mi alma, lágrimas
mojan el polvo de
mi vil presente, carne
inmune putrefacto tácito
incoherente indómito,
pétreo infalible.

Mustia sombra arrastras
placer vanidoso, soberbia
quimera paranoia ocia.

Pasos inherentes
soberbia desobediencia, pecado
sin conciencia libertad exijo.

Tiempo

Busqué en la noche obscura la sombra de
mi pasado y sólo encontré
las huellas de mi futuro acercándose
al péndulo de mi presente.

Jazmín

Su aroma y belleza perfuman
los jardines de lo alto, es
rutilante y delicada, es
obra de arte, es mujer y poesía
poesía y mujer, de su
belleza y esencia quiero
hoy vestirme, de su inmaculada
gracia quiero
regocijarme, es agua cristalina
de nube negra, es diosa
y musa de mis versos pedacito
de gracia convertida
en flor... su tallo verde
grueso pensamiento altivo
es mi flor de jazmín.

Versos a mi Madre

Madre mía; hoy vengo a cantarte
con la fuerza de mi alma con
el espíritu de vida, de nueve
meses en tu vientre y treinta
y tres años en tus brazos.

Cual canto de jilguero
en la alegre mañana son
tus palabras llenas de sabiduría,
cual gota de obediencia en
orquídeas jardines colgantes
del universo es tu presencia en mi vida.

Madre; tu mirada impávida
cual pensamiento del Rey David
escribes victorias, eres mujer llena
de virtudes, de glorias se visten
tus blancos cabellos, allí donde
los años tejen su historia en
suaves arpegios.

Madre; eres ideal, eres la mujer
que de niño y hombre mis
llantos cobija, eres roble frondoso
y tus sanas raíces alimentan
el verdor de tus ramas y debajo de
ellas mi corazón cansado descansa.

Madre; cansados tus ojos
mis enfermedades velaste
mis enojos aguantaste.

Oh madre bella! Aquel bebé que
con cariño en tu vientre
dibujó y contempló
estrellas he hizo de tu vientre
un matiz de arcoíris y que no
te dejaba dormir con comodidad
hoy te escribe versos
de gratitud.

Gracias madre mía por
dejarme nacer, porque aun
en tu pobreza me alimentaste
con amor, desde lo profundo
de mi alma, desde los
latidos de mi corazón que también
son los tuyos; te doy gracias.

Madrecita linda; gracias por
inculcarme verdad, humildad,
honestidad, sencillez y respeto.

Gracias Padre Dios porque tú
permitiste que mi madre
me heredara la sangre
de sus venas, me heredara el
conocimiento que son tus conocimientos.

Tinta

Tus besos tinta de mi
humilde pluma tinta que
plasma poesía, tu belleza
pedacito de cielo sagrado
altar donde descansa tu
pureza, tu voz alabanza
celestial, mirlos
elegantes en cordillera
virgen.

Tú; eres mi tinta
mi pluma mi poesía, eres
canto poético en
vuelo de gaviotas besando
el ocaso.

Eres nota de sol que
cantan las olas del mar
azul en coro de sirenas, eres
paraíso hecho mujer
musa de ángeles místicos,
musa de dioses.

Eres luna y sol, fuego y agua, eres
piedra preciosa esculpida
con fragancia de orquídeas
en cuna de soles de
amaneceres benditos.

Eres el arte más hermoso
que Dios ha esculpido
con elegancia y pureza.

Eres ramo de flores en altar
sagrado, eres mi tinta.

Añejo

¡Quiero amarte! Como las
golondrinas aman el
viento, como el viento
ama la libertad.
Quiero tenerte; como las
flores tienen belleza
y la belleza su encanto.

¡Oh guapa! En el estruendo de
mi alma tu belleza
palpita y tu esencia
bautiza los confines de
mis latidos.

Regocíjate alma mía, vístete
de gala que la ceremonia
empieza, desnuda las
caricias de los besos añejados
que reposan en el cáliz
de sus senos extasiados, bebe
y embriágate del néctar
lujurioso de sus caderas
que indómito danzan al
compás de sus deseos
bebe del vino sagrado
de sus labios apasionados.

Quiero amarte
con fuerza, con lujuria, con
fuego.

Déjame

Déjame coronar tu
belleza con esencia
de gardenias, déjame
vestir mi piel con el
perfume de tu mirada,
déjame ser libre
en tu majestuosa
sonrisa.

Déjame ser lo que
tú quieras
que sea de ti.

Imagen de Cristal

Como gota de lluvia que
riega el jardín de los
sentimientos puros; es
tu presencia melódica
en la niñez de mis
versos, sinfonía de suaves
suspiros es tu voz tierna primavera,
como sol de verano al
alba es tu mirada fulgente
que colorea el paisaje
de mis poemas en
tu pecho endrino.

Girasoles de cristal, sueños
de porcelana; sentid la
santidad de la fresca lluvia
de sus labios de amapola, escuchad
la voz del silencio
de su imagen santa abrigando
la piel de mis verdugos, con
armonía fluyen mis versos
en el aliento de su voz
silvestre margarita, coloridas
aves nacen en mis sueños
despiertos invitándome a
caminar libremente en
el brillar de su
cristal dulzura, eternamente
libre soy en la
prisión de su huerto, no
quiero huir, no quiero,
así quiero vivir.

Voz

Yo aprendí a leer
la frase silente
oculta de tus labios, yo
aprendí a leer
tus besos marchitos
tu corazón callado.

Yo aprendí a leer
los adentros de tu corazón
su historia, su futuro.

Yo leí el pensamiento
de tu primer suspiro
ahogado en la voz
vituperada de tu flor
mustia.

Yo leí y deletreé
tu primera frase
tu primer silencio, tu
primera tortura.

Yo aprendí a leerte, aprendí
a leer los secretos
de tus extremidades,
aprendí a dibujar
el murmullo de tu mirada.

Yo aprendí a escucharte
cuando tú me ensenaste
a oírte.

Oda a un Pensamiento
(surrealismo)

Qué sabe el humo del cigarrillo
de la enfermedad de
los pulmones, qué sabe el
ebrio alcohol de la amargura
del hígado, y <u>qué sé</u> yo de estas
palabras, si en ellas me consumo.

Qué sabe el reloj de la
prisa del viento, qué sabe
el polvo de la sequedad
de sus partículas, y qué sé yo
de todo esto, si ni yo
mismo me entiendo.

Qué sabe la naturaleza de sus desastres, qué
sabe la sal del mar azul
y de su sabor, qué sabe
la barca del pescador, si al besar sus aguas
cierra los ojos, y que sé
yo de todo esto.

Qué sabe el vidrio de
su transparencia, si la
mosca en ella se ensucia, qué
sabe el árbol verde de
su destino, si al secarse
se convierte en cenizas.

Qué sabe el fuego del
calor que siente, qué sabe el
infierno de su calvario, qué sabe
el agua de la sed inasequible del humano, y
qué sé yo de todo esto, si mis
pecados son mi infierno.

Ésta Noche Amor Mío

Ésta noche sólo
quiero sentir la paz
de tu mirada
besar mis tímidos labios,
<u>ésta</u> noche sólo quiero
sentir tu piel de
cerezo perfumar los recónditos
de mi alma, <u>ésta</u> noche sólo
quiero sentir el
raudal de caricias que
brotan de tu corazón gitano,
<u>ésta</u> noche sólo
quiero sentir tu
fuego ardiente encender
mi frígida piel.

<u>Ésta</u> noche sólo quiero
oír tu voz de gardenia
romper los miedos
que me encadenan, ésta
noche nos perderemos en
nuestro idilio hasta
beber el vino del
placer.

<u>Ésta</u> noche amor mío
quiero fundirme en
los poros de tu piel, como
el amor se funde en el
todo del viento y la flor
y en el nada del olvido, ésta
noche amor mío, ésta noche
quiero ser fuego
y agua en tu piel.

Desde tu Partida

Amada mía; desde que
tú te fuiste la luz
del sol no visita más mi
ventana, la lluvia se
olvidó de mi jardín mi existencia,
desde que tú te fuiste el
viento se ha perdido en
el silencio, desde que tú
te fuiste el mar se
ahoga en sus lágrimas, desde
tu partida.

Desde que tú te fuiste
el verde bosque
ha pintado su espesura
de otoño, desde que
tú no estás, la hormiga
ha migrado a lo
desconocido, y las mieles
han perdido su dulzura,
desde que tú no estás
aquí, las horas se desvelan
y los días no amanecen
y las noches se pierden
en su sombra, desde
que tú te fuiste me
quedé sin primavera,
sin alegría.

Un Verso a Josefina

En el viento quiero
tallar tu nombre
y al cielo quiero
gritarle gloria.

Qué despierten las
hojas secas del otoño
del olvido, qué se
bañen de rocío
los amaneceres, el día
se corone de alegrías
porque esta mañana
el sol despertó en
la niña de tus ojos
y sus febriles rayos
se trenzaron en tus
ojos negros flamencos y
en tus pestañas
negras hechiceras.

Josefina; eres vals
de risos dorados, vals
de palabras amorosas
vals de versos
en poemas de
Adolfo Bécquer.

Inédito

Tengo a la venta un
poema surrealista
erótico de mi total
autoría, en él
encontrarás los versos
más hermosos
que jamás he escrito
jamás he pensado.
Tengo a la venta una
hoja de papel
en blanco, en su
contexto leerás la
fama que no tengo
y los aplausos recibidos.

Tengo a la venta
un corazón que no siente,
no late, en él sentirás
mustias caricias llenas
de alegrías, sentirás
el gozo de su juventud
en años tardíos.
Tengo a la venta
un sentimiento inédito, de
esos que te elevan
y te botan sin querer.

Tengo a la venta
todo lo que nunca
he tenido, y todo lo que
nunca he tenido lo tengo.

Tengo a la venta... ¡ay como duele estar sin ti! Y saber
que cuando estás conmigo no pienso en ti
y eso me duele y eso me mata.

Mi Último Poema

¿Dónde estás? Mi corazón vacío
y silencioso te busca con
llantos, te busco en el aroma y
color de las flores y no te encuentro,
cada segundo que pasa fenezco
sin ti como fenece la luz del día
al besar la tarde, mi aliento
se oculta como sol en el horizonte, los
segundos y minutos martillan mis
recuerdos, como noria
mis pensamientos se
aferran a la fe de tu encuentro, rehúsan
al olvido mientras poco
a poco se derriten mis alas.

Te busco en el arcoíris, en cada
gota de lluvia, en la tierra mojada
y no te encuentro, ¿Dónde estás? La
soledad ahorca mis latidos, la
incertidumbre difumina
mi espíritu y tú no
estás, mi voz se eleva al cielo
buscándote, los relámpagos
de lo eterno te buscan
junto a mí, las trompetas
me preguntan con su canto
por ti, los ángeles me preguntan
por ti, y tú no estás.

Mi pluma se viste de
melancolía, mi sangre ha perdido
su color... pregunto por ti y
ya ni mi voz me responde.

¿Dónde estás?

Locos

Ella me llamaba: mi cielo, yo
le decía: mi loca, ella me llamaba: loquito, yo le
decía: fea, ella le robó una
pestaña al sol y la
puso en mis manos, yo le robé unos versos a Dios
y la coroné de poesías, ella
me decía: estamos locos, yo
le respondía: un poquito.
Ella me decía: te quiero con
el alma, yo le respondía:
vos sos mi alma, ella me decía que
ama el universo, yo le dije: vos
sos mi universo, ella me decía: te amo, te amo, yo
inerte respondía: te amo mi loca fea, ella
con fuerzas gritó: te amo hoy, como
ayer y como siempre y por siempre; te voy
amar después de esta vida, yo le
respondí: vos sos mi vida.
Ella me cantaba al oído
enamorada de mis locuras y verdades, yo
con su voz escribía las mejores melodías.

Ella ama las flores, para mí siempre será
de mi jardín la flor, porque imposible es amar
una flor sin espinas, y yo la amé con sus defectos
y virtudes, ella con los pies descalzos
danzaba bajo la lluvia y yo con honor
me perdía en su danza, ella escribía nuestros nombres
en el viento, yo con suspiros escribía nuestros nombres
en mi aliento.

Un día le dije: sos mi poesía, mi poema, sos
el verso que busqué y encontré.

www.ingramcontent.com/pod-product-compliance
Lightning Source LLC
Chambersburg PA
CBHW021448070526
44577CB00002B/316